KLARTEXT

Gerhard Launer

BRAUNSCHWEIG

VON OBEN

Die schönsten Luftbilder der Stadt

GERHARD LAUNER,
Jahrgang 1949, wollte eigentlich Musiker werden. Doch aufgrund eines Unfalls musste er dieses Ziel aufgeben und wurde stattdessen Diplom-Grafikdesigner. Bereits während des Studiums erlangte er die Privatpilotenlizenz und später die Berufspilotenlizenz. Als Luftbildfotograf verbindet Gerhard Launer seine Interessen Fotografie und Fliegen. Mittlerweile hat er nahezu jede Stadt, jede Ortschaft und jede Sehenswürdigkeit in Deutschland fotografiert. Jedes seiner Bilder bietet neue Entdeckungen von oben, macht Landschaften zu Gemälden und zeigt ihre besonderen Strukturen und Charakteristika.

www.wfl-gmbh.de

Bibliografische Information der Deutschen Nationalbibliothek
Die Deutsche Nationalbibliothek verzeichnet diese Publikation in der Deutschen Nationalbibliografie; detaillierte bibliografische Daten sind im Internet über http://dnb.dnb.de abrufbar.

IMPRESSUM

1. Auflage September 2020
Satz und Gestaltung: Joachim Bartels
Umschlagfotos: Gerhard Launer
Umschlaggestaltung: Ina Zimmermann
Druck und Bindung: Griebsch & Rochol Druck GmbH, Gabelsbergerstraße 1, 59069 Hamm

ISBN 978-3-8375-2264-8

KLARTEXT
Jakob Funke Medien Beteiligungs GmbH & Co. KG
Jakob-Funke-Platz 1, 45127 Essen
info@klartext-verlag.de, www.klartext-verlag.de

INHALT

VORWORT

Gerhard Launers beeindruckende Luftaufnahmen nehmen den Betrachter mit auf eine spannende Reise durch Braunschweig. Atemberaubende Ausblicke bieten völlig neue Perspektiven und laden dazu ein, die Stadt auf eine einzigartige Weise kennenzulernen.

Aus der Vogelperspektive präsentiert der sorgfältig komponierte Bildband Städtearchitekturen und Landschaftsformen in ihrer ganzen Vielseitigkeit und Schönheit. Ungeahnte Sichtweisen und nicht gekannte Blickwinkel, Panorama- und Momentaufnahmen vermitteln eine außergewöhnliche Weite, bisher nicht gekannte Details und ein Gefühl von Zeitlosigkeit.

Gerhard Launer gehört zu den renommiertesten Luftbildfotografen. Er verbindet seine Passion für das Fliegen mit seiner Leidenschaft für die Fotografie. Diese gilt den nur von oben sichtbaren Besonderheiten und Strukturen, die den Charakter einer Stadt und der sie umgebenden Landschaft besonders verdeutlichen. Launers künstlerische Fotos als Ausdruck seiner unverwechselbaren Bildsprache und seines ganz persönlichen Blicks ermöglichen einen Perspektivwechsel, der Lust darauf macht, die Stadt Braunschweig auf jeder Seite neu zu erleben.

Achim Nöllenheidt

Blick auf Braunschweig mit dem Harz im Hintergrund

ANSICHTEN

Innenstadt von Braunschweig

Im Herzen von Braunschweig:
der Dom und der Burgplatz

Residenzschloss und
Schloss-Arkaden

Oberpostdirektion

Oberpostdirektion

Bild vorherige Doppelseite:
Oberpostdirektion an der
Friedrich-Wilhelm-Straße

Okerwehr an der
Mühlenpfordtstraße

Bild vorherige Doppelseite:
Schapenbruchteich

Modernes Gebäude
zwischen Rebenring und
Wendenmaschstraße

BraWoPark am
Hauptbahnhof

Bild vorherige Doppelseite:
Volkswagenwerk und Stadion
von Eintracht Braunschweig

Oker bei Nordstadt

Alte Waage, das größte und imposanteste Fachwerkhaus der Stadt

Wohnhäuser an der Jasperallee

Wohnhäuser in
Klein Gleidingen

Bockwindmühle „Victoria Luise“, Riddagshausen

| Der Hauptbahnhof von Braunschweig

Rechte Seite: Historische Gebäude an der Leonhardstraße. Im Vordergrund das Wilhelm-Gymnasium

BZV Medienhaus im Zentrum Braunschweigs. Davor die evangelisch-lutherische Kirche St. Petri

steinecke

| Der Golf-Klub Braunschweig im Süden der Stadt

Okercabana mit Strandbar

IM & AM WASSER

Freizeitvergnügen an und auf der Oker |

Linke Seite: Mittellandkanal
bei Braunschweig

Container im Hafen
von Braunschweig

MAERSK
EVERGREEN
K LINE
CHINA SHIPPING
ONE
COSCO

Bienroder See;
rechts oben: Biotop an der Schleuse Wedtlenstedt;
unten: Teiche bei Groß Gleidingen mit dem Stichkanal Salzgitter

Marina Bortfeld,
Wendeburg/Bortfeld

| Segler-Verein Braunschweig e. V. am Südsee

| Freibad Raffteich

| Freibad Bürgerpark

Freizeit am Heidbergsee;
Ölpersee, Nordstadt (rechts)

Oker am Botanischen Garten (oben);
Paddelboote auf der Oker (rechts)

| Eisenbütteler Wehr

Yachthafen bei Wedtlenstedt (oben);
Wasser und Feldstrukturen bei Lehndorf-Watenbüttel

STADTLEBEN

Innenstadt mit historischem Dom, Domplatz und Rathaus |

Residenzschloss Braunschweig mit Einkaufscenter Schloss-Arkaden (oben);
Staatstheater Braunschweig

Bild oben: Burgplatz mit dem Veltheimschen Haus sowie dem Huneborstelschen Haus (rechtes Gebäude)
Bilder rechte Seite: Reiterstandbild Friedrich Wilhelm von Braunschweig (oben) und die
rekonstruierte Burg Dankwarderode am Burgplatz

Valentin-Klein-Haus (oben);
Technische Universität Braunschweig

St. Katharinen-Kirche (oben);
Innenstadtbereich um die
St. Magni-Kirche (unten);
St. Jakobi-Kirche (rechts)

Haus der Wissenschaft und Staatliches Naturhistorisches Museum (oben); Zentralcampus

Flughafen Braunschweig, Lilienthalplatz

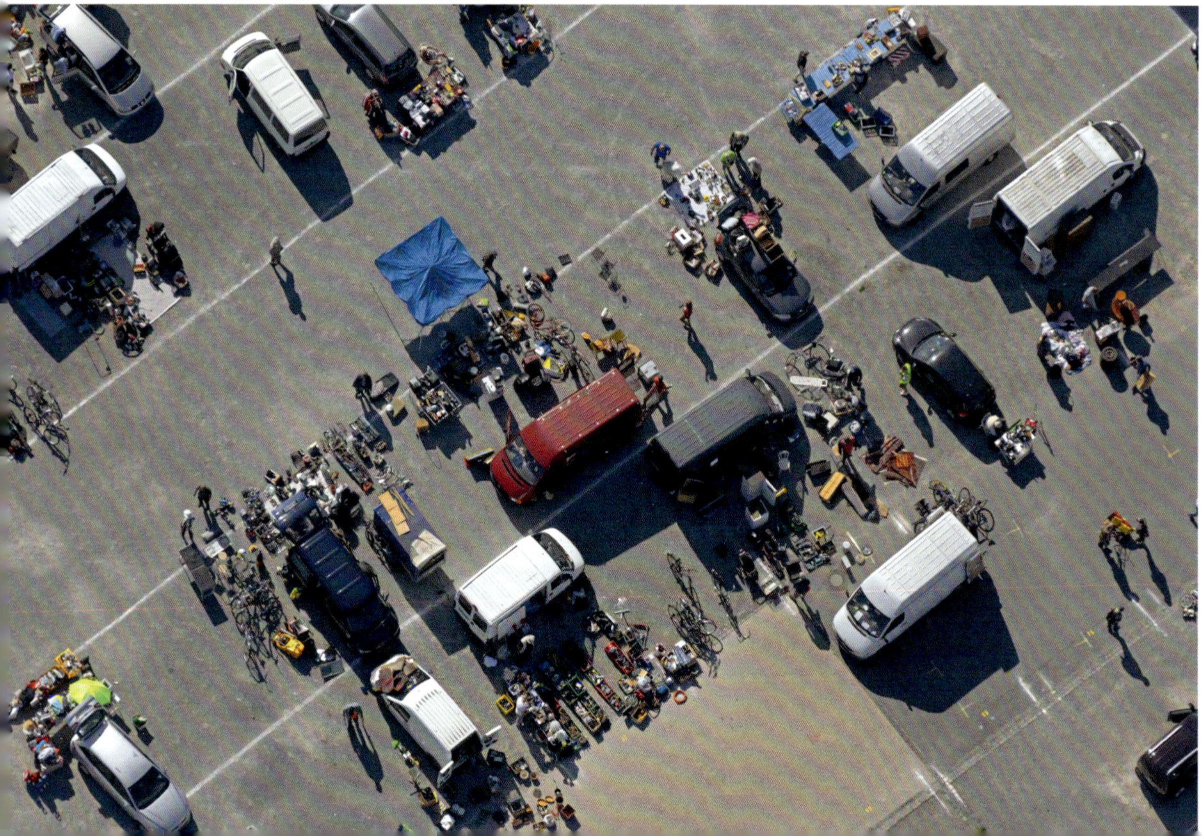

Flohmarkt auf dem Schützenplatz in Nordstadt

Skatepark im Prinz-Albrecht-Park

Burgundenplatz, Siegfriedviertel

Schloss Richmond

Bilder rechte Seite:
Städtisches Museum (oben);
Villa Löbbecke

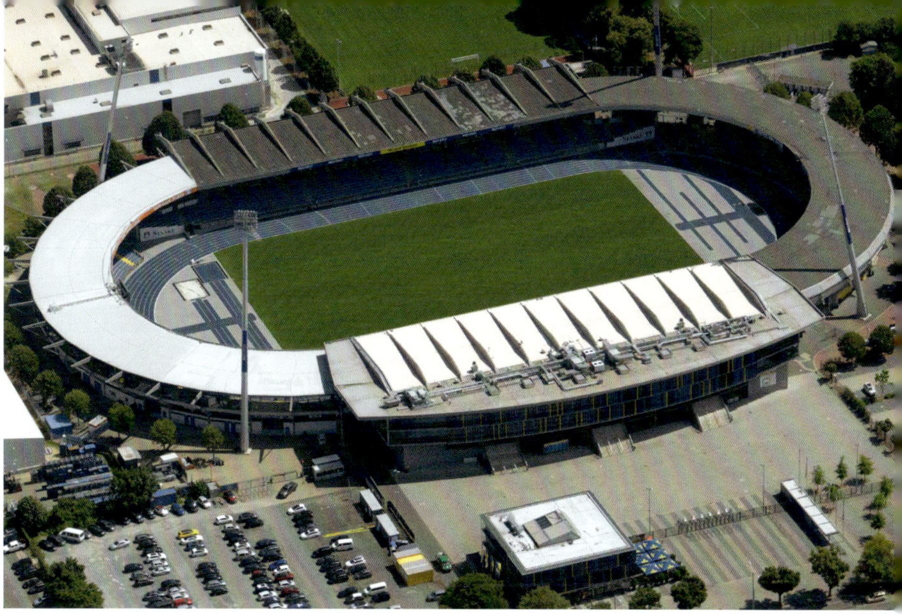

Volkswagen Halle Braunschweig und Landessparkasse (links);
Eintracht-Stadion (oben); Boulderturm am Westbahnhof

| Städtisches Klinikum

| Kohlmarkt

Bild vorherige Doppelseite:
Inselwallpark

Wasserturm
an der Hochstraße

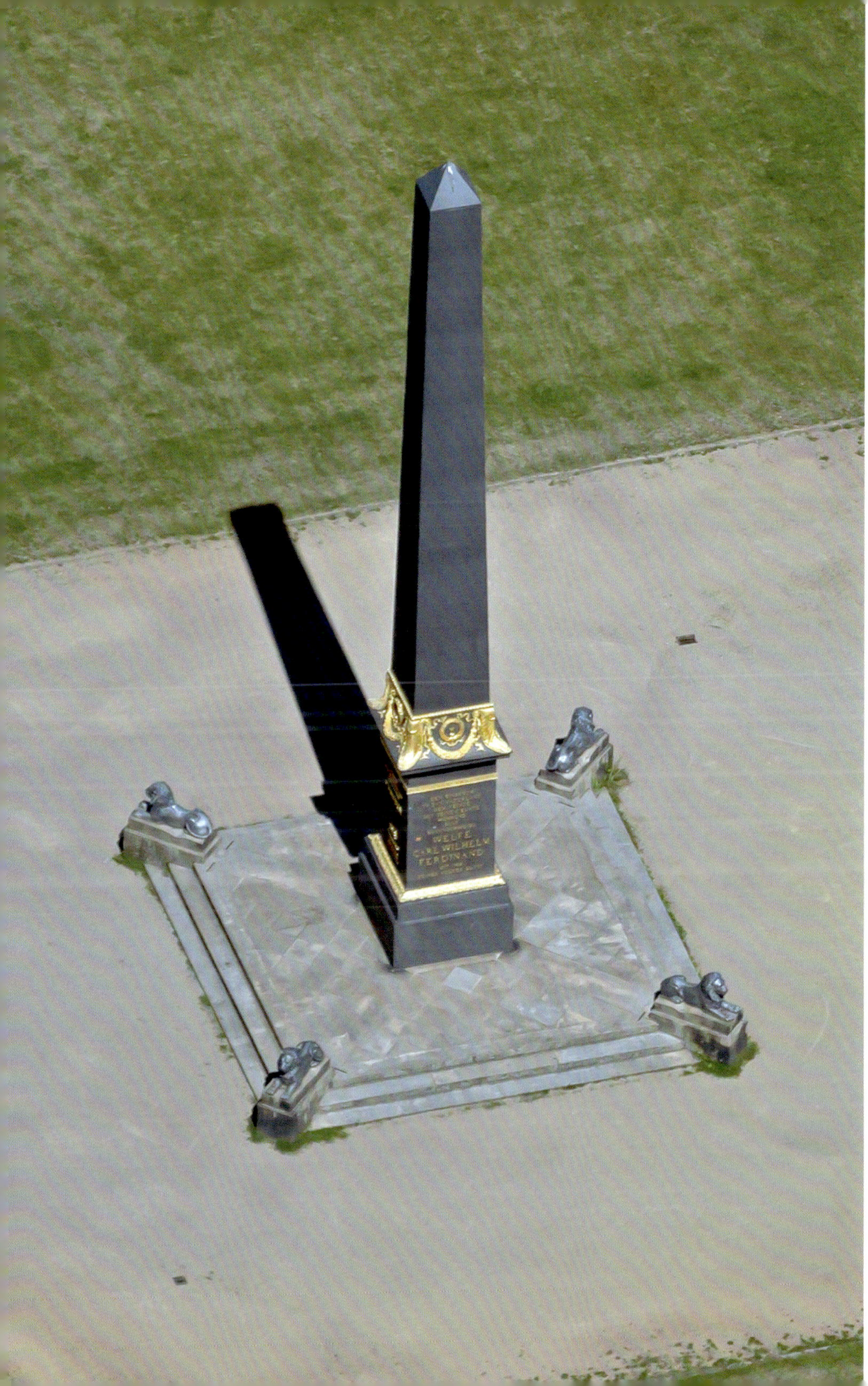

Obelisk auf dem Löwenwall I

Herzog Anton Ulrich-Museum

Roggenmühle Lehndorf

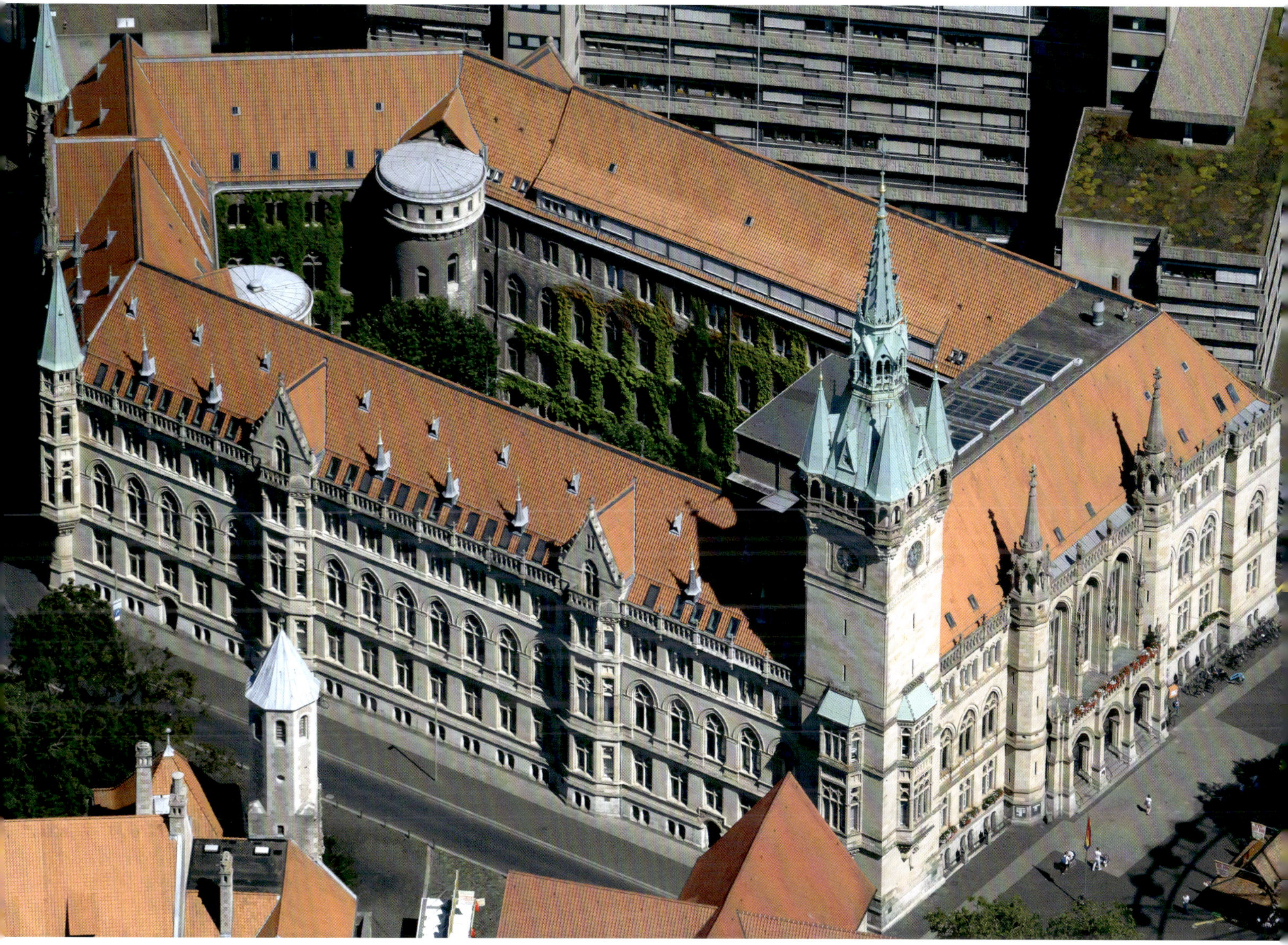

| Rathaus der Stadt Braunschweig

Innenhof eines Wohnkomplexes
am Meinhardshof (rechts);
Glasdach Burgpassage

Heinrichsbrunnen (links);
Karussell am Schlossplatz

BraWoPark
BraWoPark

BraWoPark am Hauptbahnhof

Bilder rechte Seite: Vorwerksiedlung (oben); Ausbesserungswerk mit dem Lokpark

WOHNWELTEN

Wohnhäuser an der Bammelsburger Straße |

| Die Jasperallee, Hauptachse des östlichen Ringgebietes (links); St. Paulikirche inmitten von Häusern an der Jasperallee

Wohnhäuser am Bleibtreuweg (oben);
Wohnhaussiedlung in Braunschweig-Kanzlerfeld

Bunte Wohnhaussiedlung
in der Weststadt

Wohnanlagen
St. Leonhards Garten
und Uhlandstraße (links);
Symmetrische Bebauung
im Stadtteil Kanzlerfeld

| Wohnhaussiedlung in der Weststadt

| Moderne Wohnanlage zwischen Karl-Marx-Straße und Herzogin-Elisabeth-Straße

Wohnhäuser an der Lahnstraße
in Braunschweig-Weststadt

Wohnhäuser an der Saarstraße, Lehndorf

Dachterrasse auf einem Gebäude an der Bismarckstraße

Studentenwohnheim Weststadt

FORMEN & FARBEN

Felder am Johann Heinrich von Thünen-Institut für Agrartechnologie, Völkenrode

Dachstrukturen auf dem Herzog Anton Ulrich-Museum (links);
Quadriga mit der Brunonia auf dem Portikus des Braunschweiger Residenzschlosses

Wasser und Feldstrukturen bei Watenbüttel (links);
Bullenteich im nördlichen Braunschweig

| Vorherige Doppelseite: Glasfensterstrukturen des Business Center II des BraWoParks

| Straßenbahnhaltestelle am Hauptbahnhof; Glasdach an der Stadthalle (rechts)

BRAUNSCHWEIG
Großer Saal

| Karussell am Schlossplatz

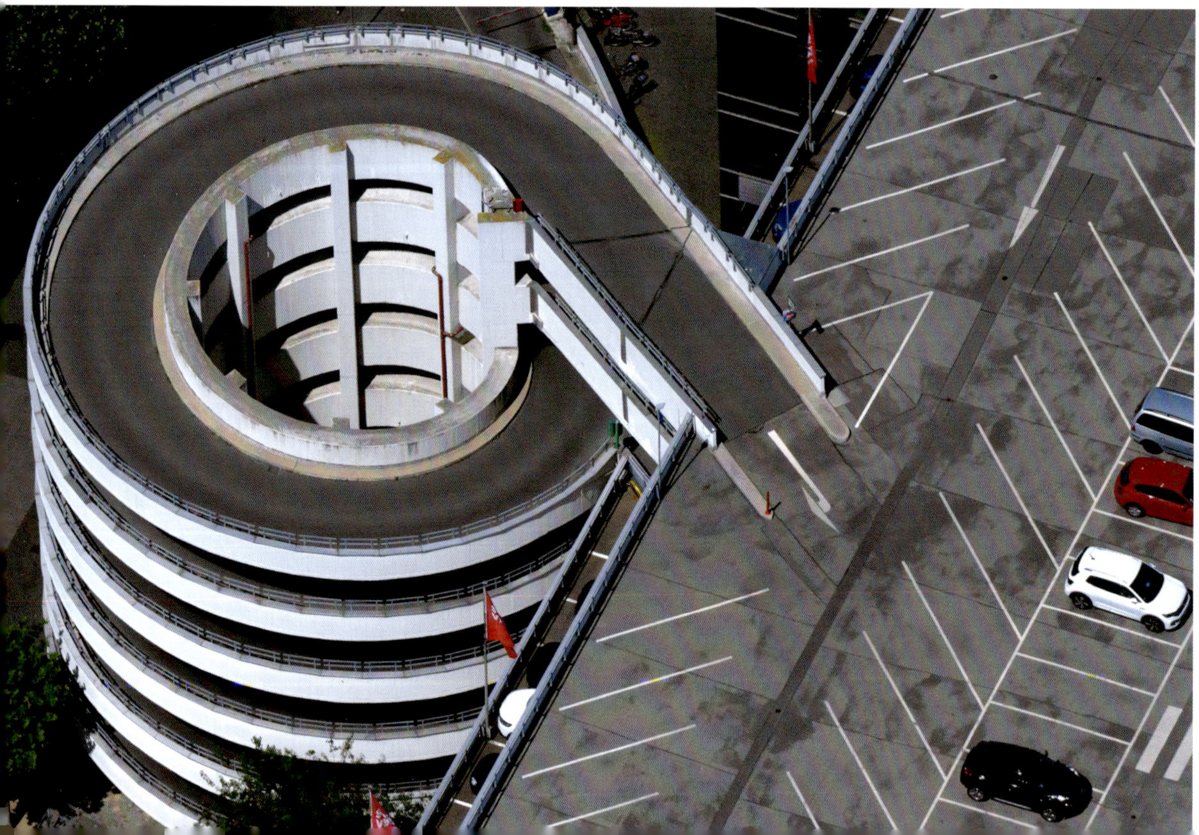

| Parkdeck Karstadt

Springbrunnen im Inselwallpark

Ruhfäutchenplatz

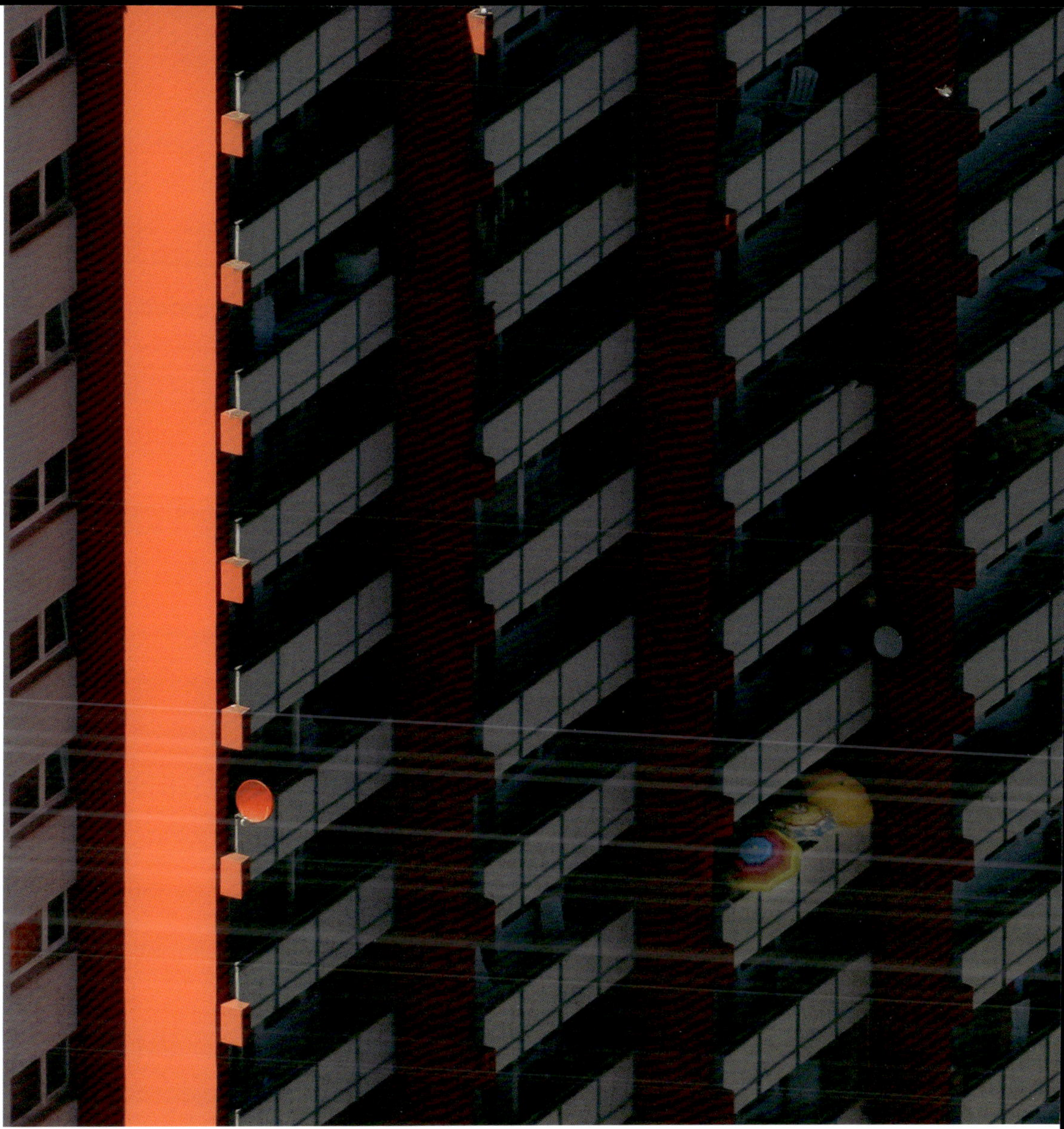

| Drei Hochhäuser an der Emsstraße

Kreisverkehr an der Kurt-Schumacher-Straße (links);
Löwen-Labyrinth im Westpark

Solardächer im Gewerbegebiet an der Friedrich-Seele-Straße, u. a. Firma Wilhelm Schimmel Pianofortefabrik